Дерек Принс

НУЖДАЕТСЯ ЛИ ВАШ ЯЗЫК В ИСЦЕЛЕНИИ?

Как правильно поститься

Как применять кровь Иисуса

Как слышать голос Божий

Крещение в Святом Духе

Кто позаботится о сиротах, бедных и угнетенных?

Люцифер разоблаченный

Мужья и отцы

Мы будем изгонять бесов

Наш долг Израилю

Обмен на кресте

Отцовство

Погребение посредством крещения

Последнее слово на Ближнем Востоке

Пособие для самостоятельного изучения Библии

Пророческий путеводитель Последнего Времени

Путь ввех — путь вниз

Путь посвящения

Пятигранное служение

Расточительная любовь

Сборник №1: Первое поприще / Колдовство — враг общества №1 / Чужой епископ

Сборник №2: Духовная слепота: причина и лечение / Как проверять необычные проявления / Хлебопреломление

Святой Дух в тебе

Святость

Сила провозглашения

Согласиться с Богом

Струны арфы Давида

Судить: где? когда? Почему?

Твердое основание христианской жизни

Уверенность в Божьем избрании

Церковь Божья

Шум в церкви

Дерек Принс

Нуждается ли ваш язык в исцелении?

2011

DOES YOUR TONGUE NEED HEALING?
Derek Prince

Derek Prince Ministries – International
P.O.Box 19501
Charlotte, NC 28219-9501
USA

НУЖДАЕТСЯ ЛИ ВАШ ЯЗЫК В ИСЦЕЛЕНИИ?
Дерек Принс

Переведено и издано
Служением Дерека Принса на русском языке
Translation and publication by Derek Prince Ministries – Russia

Вы можете написать нам по адресу:
Служение Дерека Принса
а/я 72
Санкт-Петербург
191123
Россия

Служение Дерека Принса
а/я 3
Москва
107113
Россия

ISBN: 978-1-78263-061-6

Вы можете обратиться к нам через интернет:
info@derekprince.ru

или посетить нашу страницу:
www.derekprince.ru

DEREK
PRINCE
MINISTRIES
RUSSIAN WORLDWIDE

СОДЕРЖАНИЕ

Глава 1

СМЕРТЬ ИЛИ ЖИЗНЬ?

Темой этой книги является вопрос: *Нуждается ли ваш язык в исцелении?* Изучая данную тему, будьте готовы к неожиданностям!

С самого начала позвольте обратить ваше внимание на один весьма примечательный факт — на то, как Творец устроил голову человека. Каждый из нас имеет семь отверстий в голове. Число семь в Писании часто говорит о завершенности. Мы имеем три пары отверстий: два глаза, два уха, две ноздри. Но в случае с устами Творец ограничился тем, что сделал их всего одни. Я часто спрашивал людей: *«Есть среди вас такие, которые имели бы больше, чем один рот?»* Я не встречал еще ни одного такого. Все, что необходимо большинству из нас — это правильно использовать всего один рот. Это отверстие причиняет нам больше проблем, чем шесть остальных, вместе взятых.

Если вы возьмете Библейскую симфонию (справочное пособие для изучения Библии, в котором все слова, используемые в Священном Писании, расположены в алфавитном порядке с указанием точного места нахождения их в тексте — примеч. редактора) и отметим все слова, связанные с этим самым отверстием, — такие как *«рот»*, *«язык»*, *«уста»*, *«речь»*, *«слова»* и т. д. — вы удивитесь, как много Библия уделяет внимания данному вопросу. И для этого есть все основания: мы не имеем ничего, что было бы так непосредственно связанно с нашим благополучием, чем наш рот и язык.

СМЕРТЬ ИЛИ ЖИЗНЬ?

В первой части нашего изучения мне бы хотелось привести ряд выдержек из Писания, которые подчеркивают жизненную важность рта и языка. Затем, в следующих разделах, мы остановимся на принципах, следующих из этих мест Писания.

Обратимся к Псалму 33:12-14:

Придите, дети, послушайте меня: страху Господню научу вас. Хочет ли человек жить и любит ли долгоденствие, чтобы видеть благо? Удерживай язык свой от зла и уста свои от коварных слов.

Богом вдохновленное Слово предлагает научить нас, детей Божьих, страху Господнему. У меня есть ряд проповедей, указывающих на то, что ничто другое во всем Писании не приносит большего благословения, плодоносности и уверенности, чем страх Господень. Поэтому, когда Писание предлагает научить нас страху Господнему, оно предлагает нам нечто невыразимо ценное и важное. Псалмопевец говорит о том, что *«жизнь»* и *«многие и добрые дни»* соединены со страхом Господним. В Библии полнота жизни и страх Господень всегда тесно связаны друг с другом. В той мере, в какой мы имеем страх пред Господом, в той же мере мы действительно наслаждаемся истинной жизнью.

Так с чего же начинается страх Господень? Писание говорит очень ясно: *«Удерживай язык свой от зла и уста свои от коварных (лживых) слов»*. Другими словами, наш язык и наши уста являются той первой сферой нашей жизни, в которой проявляется наш страх перед Господом. Если мы можем хранить свой язык от зла и уста от лжи, то мы можем продвигаться в полноту страха Господнего! А страх Господень сопровождается жизнью, долгоденствием и благоденствием. Страх Господень, жизнь, долгие и хорошие годы — с одной стороны, и правильное использование и контроль наших уст и языка — с другой, они всегда взаимосвязаны. Мы не можем иметь по-настоящему хорошую жизнь, если не контролируем свой язык и свои уста.

Книга Притчей 13:3 говорит:

Кто хранит уста свои, тот бережет душу свою; а кто широко раскрывает свой рот, тому беда (в другом переводе: «кто говорит опрометчиво и необдуманно, душа того превратится в руины»).

Ваша душа и есть ваша личность. Это вы сами. Ваши уста — это та сфера, в которой ваша слабость проявляется в первую очередь, и в которой враг вашей души добивается успеха в первую очередь. Если вы хотите сберечь свою душу, то должны хранить свои уста. Но если вы говорите безрассудно, вы превратитесь в руины. Эти альтернативы вполне очевидны. Если вы контролируете свой язык, то вы в безопасности; но если ваш язык не находится под вашим контролем и вы не являетесь хозяином своих слов, то вашим концом будет бедствие. Все настолько ясно и понятно, что не требует пояснений.

Вся Книга Притчей говорит об этих принципах. Давайте обратимся к Притчам 21:23:

Кто хранит уста свои и язык свой, тот хранит от бед душу свою.

Снова говорится о том, что ваш язык и ваши уста являются жизненно важной сферой, которую вы обязаны хранить. Граница между добром и злом, черным и белым четко очерчена. Если вы храните свой язык и свои уста, то вы храните душу и жизнь свою — вы в безопасности. Но если вы не делаете этого, то тогда вы в «беде» (в английской версии: «в бедствии, пагубе, катаст-

рофе» — примеч. переводчика). В оригинальном тексте здесь стоит очень сильное слово, и я полагаю, что Библия использует его намеренно. Неспособность хранить свои уста и язык неотвратимо приведет вас к катастрофе.

Приведем еще два важных момента из Книги Притчей 15:4, касающихся нашего языка:

Кроткий язык — древо жизни, но необузданный — сокрушение духа.

Дословный перевод это звучит так: *«Исцеление языка — древо жизни, а нездравость (кривизны) языка — брешь в духе».* Это ясно говорит о том, что наш язык может нуждаться в исцелении. Я убежден, что язык каждого грешника нуждается в исцелении. Язык — это та область, где грех обязательно проявит себя в жизни каждого. Есть сферы жизни грешника, в которых он мог не прегрешать. Но язык — это именно та сфера, в которой каждый грешник совершил преступление, и она должна быть исцелена.

«Исцеление языка — древо жизни…» И снова обратите внимание на тесную связь между жизнью и правильным использованием языка. Альтернативой исцеленному является *«... не здравость (кривизны) языка — брешь в духе».* Нездравость и кривизны — это извращенное и неправильное употребление. Злоупотребление языка — это брешь, дыра, течь, пролом в духе.

Помню, как на одном служении приезжий проповедник молился за одну женщину такими словами: *«Господь, наполни ее Святым Духом»*. Но пастор, знавший эту женщину, сказал: *«Нет, Господи, этот сосуд протекает»*. Многие получают наполнение и благословение, но теряют это из-за своего языка. Мы должны удерживать плотное господство над языком, если хотим хранить благословения Господа. Одно дело получить благословение, и другое дело удержать и сохранить благословение. Исцеленный язык — древо жизни, которое приносит жизнь нам и окружающим. Это действует и внутренне и внешне. В Книге Притчей 18:21 сказано:

Смерть и жизнь — во власти языка, и любящие его вкусят от плодов его.

Альтернатива, как всегда, очевидна: это или смерть, или жизнь. И обе они во власти языка. Когда мы употребляем язык правильно, тогда он является древом жизни. Но если мы используем язык неправильно, то результатом будет смерть. Мы можем быть уверены, что будем вкушать плоды тех путей, которые изберем для языка. Каждый из нас питается плодами своего собственного языка. Если плоды сладкие, то мы и питаемся добром. Если плоды горькие, то мы и питаемся горечью. Бог устроил это именно так.

Таким образом, язык является жизненно важным членом, который определят нашу судьбу. Жизнь и смерть во власти языка.

Глава 2

ОТ ИЗБЫТКА СЕРДЦА ГОВОРЯТ УСТА

Чтобы сделать нашу тему *«Нуждается ли ваш язык в исцелении?»* более наглядной, мне бы хотелось привести один жизненный пример. Во время Второй Мировой войны, будучи в рядах Британской армии, одно время я служил в военном госпитале в пустыне Северной Африке. Меня назначили в специальное отделение полевого госпиталя, где лечили только больных дизентерией.

Каждое утро вместе с врачом, которому я помогал, мы обходили пациентов, лежавших на носилках прямо на песке. Доктор приветствовал каждого пациента всегда двумя предложениями. Первое: *«Доброе утро, как самочувствие?»* Второе: *«Будьте добры, покажите свой язык».*

Вскоре я понял, что врач придавал мало значения ответу на свой вопрос: *«Как самочувствие?»* Он сразу же переходил ко второму: *«Покажите свой язык».* Когда пациент высовывал язык, врач очень внимательно изучал его. Затем врач делал заключение о состоянии пациента, исходя больше из состояния языка, чем из ответа на вопрос: «*Как самочувствие?*»

Позднее, когда я вошел в служение, то нередко вспоминал об этом опыте в пустыне и видел, что Бог очень часто поступает с нами точно также, как тот врач со своими пациентами. Бог может спросить нас: «*Как твое самочувствие?*» — и мы можем дать Ему свою оценку нашего состояния. Однако, следующее, что скажет Бог (образно говоря): «*Покажи свой язык*». И когда Бог осмотрит наш язык, то даст Свою собственную оценку нашего действительного духовного состояния. Состояние вашего языка дает самый верный диагноз вашего духовного состояния.

Давайте посмотрим, что говорит на этот счет Слово Божье. Есть много мест Писания, подтверждающих тот принцип, что между сердцем и языком существует прямая взаимосвязь. Иисус говорит религиозным лидерам Своего времени в Евангелии от Матфея 12:33-37:

Или признайте дерево хорошим и плод его хорошим; или признайте дерево худым и плод его худым, ибо дерево познается по плоду. Порождения ехиднины! как вы можете говорить доброе, будучи злы? Ибо от избытка сердца говорят уста. Добрый человек из доброго сокровища выносит доброе, а злой человек из злого сокровища вы-

носит злое. Говорю же вам, что за всякое праздное слово, какое скажут люди, дадут они ответ в день суда: ибо от слов своих оправдаешься, и от слов своих осудишься.

Здесь Иисус подтверждает прямую связь между устами и сердцем, используя язык притчей. Сердце Он представляет как дерево, а слова, исходящие из уст — как плоды. Характер слов, исходящих из ваших уст, указывает на состояние вашего сердца. *«Добрый человек из доброго сокровища сердца своего выносит добрые слова; злой человек из злого сокровища сердца своего выносит злые слова».* Обратите внимание, что Иисус использовал слово *«добрый»* три раза и слово *«злой»*, тоже три раза. Если сердце доброе, то и слова исходят из уст тоже добрые. Но если сердце злое, то и слова, исходящие из уст, тоже злые.

В Евангелии от Матфея 7:17-18 записаны подобные слова Иисуса:

Так всякое дерево доброе приносит и плоды добрые, а худое дерево приносит и плоды худые. Не может дерево доброе приносить плоды худые, ни дерево худое приносить плоды добрые.

Природа дерева определяет природу плода. И наоборот, когда мы оцениваем плод, то мы даем оценку и дереву. Дерево — это наше сердце, и плод — это наши уста. Если сердце доброе, то и слова уст добрые. Но

14

если из уст исходят злые слова, то мы знаем, что и сердце злое. Вы не можете иметь худые плоды с хорошего дерева, так же и хорошие плоды с худого дерева. В этом состоит абсолютная неизбежная связь между состоянием нашего сердца и наших уст.

Мы можем обманывать себя в вопросе состояния нашего сердца разными идеями о нашей доброте, чистоте или праведности, но надежным и непогрешимым показателем состояния нашего сердца является то, что исходит из наших уст. Если исходящее из наших уст испорченное и гнилое, то и состояние нашего сердца соответственное. Другого заключения не может быть.

На протяжении пяти лет я нес служение в Восточной Африке. Одно из племен, среди которых я работал, называлось *мариголи*. Я был удивлен, когда обнаружил, что на языке этого племени *«сердце»* и *«голос»* обозначаются одним и тем же словом. Как же в таком случае узнать, что имеет человек в виду: *«ваш голос»* или *«ваше сердце»*? Но, размышляя, я начал видеть в этом особую глубину: голос действительно выражает сердце. Голосом произносятся слова, которые суть содержимое сердца. Это же самое говорил и Иисус: *«Не бывает добрых слов из злого сердца, как и не выходят злые слова из доброго сердца»*.

Когда мы приходим к Богу с оценкой нашего духовного состояния — рассказывая о нашем самочувствии — думаю, что Бог склонен реагировать на это так же, как поступал тот военный врач с больными дизентерией. Вы можете сказать: *«Боже, я добропорядочный христианин — люблю Тебя и регулярно посещаю церковь»*. В ответ Он скажет: *«Покажи Мне свой язык. Когда Я исследую твой язык, Я узнаю действительное состояние твоего сердца»*.

Мне бы хотелось проиллюстрировать это двумя удивительно прекрасными пророческими картинами из Ветхого Завета: во-первых, о самом Христе, Мессии; во-вторых, о Невесте Христа, Церкви. Обратите внимание, что в каждом отрывке главное место уделяется характеристике уст и языка. Псалом 44:2-3 описывает Мессию, Его благодать, Его красоту и Его нравственную чистоту:

Излилось из сердца моего слово благое; я говорю: песнь моя о Царе; язык мой — трость скорописца. Ты прекраснее сынов человеческих; благодать излилась из уст Твоих; посему благословил Тебя Бог на веки.

Это описание Христа Царя в Его благодати, красоте и моральной чистоте. Через что же прежде всего проявляется красота? Через Его уста. *«Благодать излилась из уст Твоих»*, — а затем сказано: *«посему благословил Тебя Бог на веки»*.

Здесь указано на два важных принципа. Во-первых, благодать Мессии проявилась прежде всего в словах Его уст. Во-вторых, Бог благословил Его на веки за благодать Его уст. Когда Иисус был на земле, были посланы стражники схватить Его, но они вернулись без Него. Их спросили: *«Почему вы не привели Его?»* Они ответили: *«Никто никогда не говорил, как этот Человек»* (Иоан. 7:45-46). Благодать, изливавшаяся через Его уста, свидетельствовала о том, что Он является Мессией.

В Песне Песней Соломона есть пророческая картина Христа и Его Невесты и взаимоотношений между Ними. Слова из Песни Песней 4:3 адресованы Невесте:

Как лента алая губы твои, и уста твои любезны; как половинки гранатового яблока — ланиты твои под кудрями твоими.

Первое, на что обращается внимание при описании Невесты, — на ее уста: *«Как лента алая губы твои, и уста твои любезны».*

Слово «алая» указывает на освящение через Кровь Иисуса. Кровь коснулась уст, и результат этого — любезные уста. Обратите внимание, что лицо скрыто за вуалью (в Синод. переводе: *«под кудрями»*): *«как половинки гранатового яблока — ланиты (щеки) твои»*, но они сокрыты под завесой. Но голос все-таки слышен через вуаль. Вся остальная красота утаена, но красота голоса проявляется через завесу. Голос утаить невозможно.

Вот еще один отрывок из Песни Песней 4:11:

Сотовый мед каплет из уст твоих, невеста; мед и молоко под языком твоим, и благоухание одежды твоей подобно благоуханию Ливана!

Отметим два отличительных слова, которые использованы при описании языка Невесты: *«мед и молоко»*. Этими же словами описана Обетованная Земля. Красота Обетованной Земли видна и в Невесте, — главным образом в ее языке и в устах. Красота ее голоса сравнивается с благоуханием, которое проникает через вуаль. Четкие очертания Невесты не видны, они сокрыты, но ее голос и благоухание, проникающие за завесу, передают красоту ее уст. Ее губы — как алая лента и уста ее любезны.

Можно ли такое сказать о нас, — о вас и обо мне — как о тех, кто следует за Иисусом? Нам необходимо задать сами себе этот вопрос.

Глава 3

ЧТО БИБЛИЯ ГОВОРИТ О ЯЗЫКЕ

Как мы убедились, существует прямая связь между сердцем и языком, которая выражена словами Иисуса в Евангелии от Матфея 12:34: *«Ибо от избытка сердца говорят уста»*. Когда сердце переполнено, то его содержимое изливается через уста, и изливающееся через уста свидетельствует о реальном состоянии сердца.

В Ветхом Завете есть пророческое описание Христа и Его Невесты. Первое свидетельство о моральной и духовной красоте, и о Божьей благодати на Мессии-Христе и Его Невесте-Церкви первая черта благодати Божьей, — это их уста и их язык.

Теперь мы рассмотрим, что Библия говорит о самом языке. Послание Иакова уделяет большое внимание теме языка. Но сначала давайте поразмышляем над очень далеко идущими замечаниями, которые делает Иаков относительно того *«благочестия»* (в оригинальном тексте: *«истинной религии»* — примеч. переводчика), которое принимается Богом, и о том, которое неприемлемо для Него. В Послании Иакова 1:26 так говорится о благочестии, которое Бог не приемлет:

Если кто из вас думает, что он благочестив, и не обуздывает своего языка, но обольщает свое сердце, у того пустое благочестие.

Не имеет значения, насколько благочестивыми мы претендуем быть. Мы можем регулярно посещать богослужения, с чувством петь гимны, активно участвовать в жизни церкви и делать все остальное, что ожидается от верующих людей. Само по себе все это хорошо. Мы можем делать это все, но если мы не держим свой язык под контролем, то мы имеем благочестие пустое и неприемлемое для Бога. Пусть Его благодать дарует всем людям, претендующим на истинное благочестие, однажды оказаться лицом к лицу с этой истиной.

С другой стороны, Иаков говорит о виде благочестия, принимаемого Богом. Оно также отличается от обычного образа жизни церковных прихожан. В Послании Иакова 1:27 сказано:

Чистое и непорочное благочестие пред Богом и Отцом есть то, чтобы призирать сирот и вдов в их скорбях и хранить себя неоскверненным от мира.

Первым условием чистого благочестия является не посещение церкви, и даже не чтение Библии, а внимание и практическая любовь по отношению к тем, кто в ней нуждается, в первую очередь к сиротам и вдовам.

Разрешите дать вам совет: если вы хотите определить, какого рода благочестие имеете вы, то посмотритесь в зеркало Слова Божьего, показывающее это в Послании Иакова 1:26-27. Если ваш язык необуздан, то ваше благочестие пустое. Если вы хотите иметь такое благочестие, которое принимается Богом, то оно в первую очередь проявляется в любви к тем, кто нуждается в этом — к сиротам и вдовам.

Давайте снова вспомним о примере с врачом, которому пациенты сообщали о своем самочувствии. В действительности его не слишком интересовала их оценка собственного состояния. Поэтому, выслушав их, следующее, что он просил их сделать — показать свой язык.

Именно об этом говорит Иаков в приведенных выше двух стихах. Если вы хотите произвести впечатление на Бога своим благочестием, первое, что Он скажет: *покажите свой язык*. Он намерен судить, приемлемо ваше благочестие или нет, исходя из оценки вашего языка.

Рассмотрим несколько отрывков из Послания Иакова, иллюстрирующих роль языка в нашей жизни. Начнем с Послания Иакова 3:2-8:

Ибо все мы много согрешаем. Кто не согрешает в слове, тот человек со-

*вершенный, могущий обуздать и все
тело.*

Иаков говорит, что если вы умеете контролировать свой язык, то вы можете контролировать и всю жизнь. Вы совершенный человек, если вы можете контролировать свой язык. Далее он переходит к сравнению с примерами из жизни:

Вот, мы влагаем удила в рот коням, чтобы они повиновались нам, и управляем всем телом их. Вот, и корабли, как ни велики они и как ни сильными ветрами носятся, небольшим рулем направляются, куда хочет кормчий; так и язык — небольшой член, но много делает. Посмотри, небольшой огонь как много вещества зажигает! И язык — огонь, прикраса неправды; язык в таком положении находится между членами нашими, что оскверняет все тело и воспаляет круг жизни, будучи сам воспаляем от геенны. Ибо всякое естество зверей и птиц, пресмыкающихся и морских животных укрощается и укрощено естеством человеческим, а язык укротить никто из людей не может: это — неудержимое зло; он исполнен смертоносного яда.

Иаков раскрывает уникальное значение и влияние языка на ход развития нашей жизни. В первом примере он говорит: «*Если нам удастся вложить удила в рот коню, то мы сможем полностью управлять этим сильным животным».*

Конь в Библии как правило олицетворяет физическую силу. Этим самым Иаков говорит, что как бы ни была сильна лошадь, мы можем полностью ею управлять, если сможем контролировать ее рот с помощью удил. Сила коня приведена в полное подчинение благодаря контролю над его ртом. Это так же верно и для нас. Контролирующий наши уста управляет всей нашей жизнью.

В следующем примере, возможно, еще более наглядном, язык сравнивается с рулем корабля. Судно может иметь сложную и огромную конструкцию, и быть носимым ветрами и волнами огромной силы. Но при этом корабль имеет всего один (причем, сравнительно небольшой элемент), который, однако, определяет весь курс корабля — это его руль. Благодаря ему весь корабль плывет в том или другом направлении. Если руль использовать правильно, то корабль благополучно достигнет гавани. Если же рулем пользоваться неправильно, то судно, рано или поздно, потерпит кораблекрушение.

Иаков говорит, что это верно и для нашей жизни. Язык — это руль. Он определяет курс нашей жизни. Если руль языка используется правильно, мы благополучно пребудем в пункт назначения. Но если наш язык используется неправильно, то мы потерпим кораблекрушение.

Иаков также приводит в пример маленькую искру, которая может послужить причиной возгорания целого леса. В Соединенных Штатах каждый год лесные пожары наносят ущерб в миллиарды долларов. Они обычно начинаются именно так, как говорит Иаков — с маленькой искорки. Министерство лесного хозяйства США изготовило очень наглядный плакат, гласящий: *« Ты один можешь, как зажечь, так и предотвратить целый лесной пожар».*

Это справедливо и в духовной сфере. Один язык может высечь ту искру, которая уничтожит нечто огромное по значимости и ценности, причинив огромный ущерб. Некоторых церквей и целых христианских групп сегодня нет только потому, что какой-то один язык высек искру того огня, который безвозвратно сжег все.

В последнем примере Иаков сравнивает язык с источником смертоносного яда. Он говорит, что язык подобен ядовитому веществу, который может отравить нас, распространяя свое влияние на все сферы нашей жизни.

Вспомним еще раз эти примеры: удила для коня, руль для корабля, искра для лесного пожара, и яд для отравления источника нашей жизни. Суть всех этих примеров одна и та же: язык — это нечто само по себе небольшое, однако влияющее на всю нашу жизнь и способное причинить огромный и невосполнимый вред.

Далее Иаков упоминает о непостоянстве

религиозных людей. Послание Иакова 3:9-12:

Им благословляем Бога и Отца, и им проклинаем людей, сотворенных по подобию Божьему: из тех же уст исходит благословение и проклятие. Не должно, братья мои, сему так быть. Течет ли из одного отверстия источника сладкая и горькая вода? Не может, братья мои, смоковница приносить маслины, или виноградная лоза смоквы: также и один источник не может изливать соленую и сладкую воду.

Иаков говорит тоже самое, что и Господь Иисус. Если дерево хорошее, то и плоды должны быть хорошими. Если в вашем сердце смоковница, то ваши уста будут производить смоквы. Но если у вас в сердце уксус, то вам не получить смокв из ваших уст. Выходящее из ваших уст свидетельствует о содержимом вашего сердца.

Это, по словам Иакова, подобно источнику вод. Если вода, которая вытекает из ваших уст, свежая, то и родник в вашем сердце чистый. Но если из ваших уст вытекает соленая и мутная вода, то и источник в вашем сердце соленый и мутный. Таким образом, исходящее из ваших уст обязательно свидетельствует об истинном состоянии вашего сердца.

Глава 4

СЛОВА ОПРЕДЕЛЯЮТ СУДЬБУ

Сущность всех прообразов, которые использует апостол Иаков в своем послании, для описания роли языка в нашей жизни, сводится к одному: язык — это нечто само по себе небольшое, однако влияющее на всю нашу жизнь и способное причинить огромный и невосполнимый ущерб. Из четырех рассмотренных примеров, — (1) удила во рту коня, (2) руль корабля, (3) искра, вызывающая лесной пожар, и (4) яд, отравляющий всю жизнь, — нагляднее всего иллюстрирует огромный управляющий потенциал нашего языка пример руля корабля.

Руль, казалось бы, является маленькой частью корабля, к тому же, он скрыт под поверхностью воды. Вы не увидите его, рассматривая корабль, который скользит по поверхности моря. Но эта маленькая деталь, скрытая от нашего взора, определяет курс корабля. Если рулем пользоваться правильно, то корабль благополучно достигнет порта назначения. Но если руль используется неверно, то можно сказать со стопроцентной уверенностью, что корабль не только не достигнет желаемой цели, но и в конце концов обязательно потерпит кораблекрушение. Руль определяет курс и судьбу корабля.

Библия говорит, что язык для тела — то же самое, что и руль для корабля. Если мы посмотрим на человека со стороны, то, скорее всего, не увидим его языка, и все же этот незаметный член подобен рулю у корабля. Его употребление определяет курс всей жизни. Язык определяет судьбу человека.

В продолжение нашего учения обратимся к примеру из истории Израиля, который преподаст нам ясный урок, который звучит так: *человек определяет свою судьбу тем, что он говорит своим языком.*

История, которую мы рассмотрим, находится в 13 и 14 главах книги Числа. Израильтяне вышли из Египта и приблизились к Обетованной Земле. Моисей выслал туда двенадцать человек с целью разведать и дать отчет об Обетованной Земле: выявить ее главные особенности, нрав ее обитателей, какие там города, какие растут плоды. Каждое из двенадцати колен предоставило для этого дела одного из своих вождей. Эти двенадцать мужей провели сорок дней в Обетованной Земле, обошли ее вдоль и поперек и вернулись с отчетом об увиденном. Их отчет описан в книге Числа 13:27-28:

И пошли и пришли к Моисею и Аарону

*и ко всему обществу сынов Израиле-
вых в пустыню Фаран, в Кадес, и при-
несли им и всему обществу ответ, и
показали им плоды земли; и рассказы-
вали ему и говорили: мы ходили в землю, в которую ты посылал нас; в ней
подлинно течет молоко и мед, и вот
плоды ее...*

Плоды были такими тяжелыми, что одну
гроздь винограда несли два человека, пове-
сив ее на шест. Однако, затем они продол-
жили свой отчет такими словами:

*...но народ, живущий на земле той, си-
лён, и города укрепленные, весьма боль-
шие, и сынов Енаковых* (великанов)
мы видели там.

Когда Бог дает вам обетование, собираетесь ли вы принять обетование таким, какое
оно есть, или вы собираетесь сказать: *«мы,
конечно, рады такому обетованию, только
есть одно существенное «но»?* Это «но» обес-
покоило и встревожило людей.

Лишь двое из разведчиков, Халев и Иисус
Навин, отказались поддержать негативное отношение остальных. Числа 13:31-32:

*Но Халев успокаивал народ пред Мо-
исеем, говоря: пойдем и завладеем ею,
потому что мы можем одолеть ее. А
те, которые ходили с ним, говорили:
не можем мы идти против народа сего,
ибо он сильнее нас.*

Обратите внимание на слова, которые были произнесены разведчиками. Халев сказал: «*Мы можем одолеть ее*», другие десять разведчиков сказали: «*Мы не можем*». Изучая эту историю дальше, вы увидите, что каждый получил соответственно тому, что он говорил. Судьба каждого была предопределена его собственными словами. Числа 14:20-24:

И сказал Господь Моисею: прощаю по слову твоему;но жив Я, и славы Господней полна вся земля: все, которые видели славу Мою и знамения Мои, сделанные Мною в Египте и в пустыне, и искушали Меня уже десять раз, и не слушали гласа Моего, не увидят земли, которую Я с клятвою обещал отцам их; все, раздражавшие Меня, не увидят ее; но раба Моего, Халева, за то, что в нем был иной дух, и он совершенно повиновался Мне, введу в землю, в которую он ходил, и семя его наследует ее;

Халев своим позитивным откликом на обетование Божье и исповеданием предопределил свое позитивное будущее. Далее, в Числах 14:26-32 сказано следующее:

И сказал Господь Моисею и Аарону, говоря: доколе злому обществу сему роптать на Меня? ропот сынов Израилевых, которым они ропщут на Меня, Я слышу. Скажи им: живу Я, говорит Господь: как говорили вы вслух Мне, так и сделаю вам; в пустыне сей падут тела ваши, и все вы исчисленные, сколько вас числом, от двадцати лет и выше, которые роптали на Меня, не войдете в землю, на которой Я, подъемля руку Мою, клялся поселить вас, кроме Халева, сына Иефонниина, и Иисуса, сына Навина; детей ваших, о которых вы говорили, что они достанутся в добычу врагам, Я введу туда, и они узнают землю, которую вы презрели, а ваши трупы падут в пустыне сей...

Обратите внимание на слова: *«как говорили вы вслух Мне, так и сделаю вам»*. По сути, Господь говорит: *«вы определили свою судьбу сами — своими собственными словами»*. Затем, Числа 14:36-37:

И те, которых посылал Моисей для осмотрения земли, и которые, возвратившись, возмутили против него все сие общество, распуская худую молву (негодные слухи, клевету) о земле, сии, распустившие худую молву о земле, умерли, быв поражены пред Господом.

Они сами обрекли себя на смерть. Они произносили слова смерти, и результатом была смерть. Далее, в Числах 14:38 сказано:

Только Иисус, сын Навин, и Халев, сын Иефонниин, остались живы из тех мужей, которые ходили осматривать землю.

Смерть и жизнь во власти языка. Что еще может более наглядно проиллюстрировать это? Человек, говоривший негативно, обрек себя на смерть. Человек, говоривший позитивно, принял жизнь. Они определили свою судьбу тем, что говорили. Тот, кто сказал *«мы не можем»* — не смог. Тот, кто сказал *«можем»* — смог.

В Новом Завете нашему духовному христианскому опыту приводится прямая параллель с опытом Израиля в Ветхом Завете. Мы предупреждены, что те же самые уроки применимы к нам. В Послании Евреям 4:1-2 сказано:

Посему будем опасаться, чтобы, когда еще остается обетование войти в покой Его, не оказался кто из вас опоздавшим. Ибо и нам оно возвещено, как и тем; но не принесло им пользы слово слышанное, не растворенное верою слышавших.

То же самое обетование, данное Богом израильтянам, дается и нам, христианам — обетование войти в покой Божий — но и мы должны опасаться, чтобы нам не оказаться невошедшими туда, как это случилось с ними в Ветхом Завете. Их проблемой было то, что они слышали обетование от Бога, однако добавили к нему свое *«но»*, которое оказалось фатальным. Вместо того, чтобы сфокусироваться на обетовании Божьем и с дерзновением исповедовать свою веру в реальность Божьего обетования и способность Бога дать им силу получить обещанное, они сконцентрировались на отрицательном. Они рассматривали великанов, стены укрепленных городов и сказали: *мы не сможем*. Слава Господу за двух людей, которые имели веру и дерзновение сказать: *мы сможем*.

Когда вы видите Божье обетование относительно определенной ситуации, что вы будете делать своим языком? Вы приводите исповедание ваших уст в согласие с Божьим обетованием и подтверждаете его? Вы отождествляете самого себя с обетованием и говорите: *раз Бог сказал это, то я смогу*; или вы становитесь одним из тех, кто говорит: *но посмотри на все эти проблемы; хотя Бог сказал это, но видимо я неспособен сделать это*? Помните, что те разведчики определили свою участь всего лишь своими словами (одного дня подобных разговоров хватило для того, чтобы предрешить свою судьбу — примеч. редактора). Библия говорит, что тот же самый принцип действует в отношении тех, кто слышит Евангелие. Мы определяем нашу судьбу теми словами, которые говорим.

Десять из двенадцати разведчиков сфокусировались на проблемах, а не на обетованиях. Двое из двенадцати разведчиков, Иисус Навин и Халев, сконцентрировались на обетованиях, а не на проблемах. Иисус

Навин и Халев сказали: *«мы можем»*. Остальные же сказали: *«мы не можем»*. Каждый получил именно то, что сказал. Каждый определил свою судьбу своим языком.

Глава 5

БОЛЕЗНИ ЯЗЫКА

Мы рассмотрели пример Ветхого Завета, который является яркой иллюстрацией принципа, что *«смерть и жизнь во власти языка»* (Притчи 18:21). Мы увидели, что правильное использование языка приносит жизнь, и наоборот, неправильное использование языка обрекает на смерть.

Сейчас мы рассмотрим определенные виды заболеваний, которые поражают наш язык. Существует шесть самых распространенных видов заболеваний, которые влияют на нашу жизнь и могут привести даже к фатальным последствиям, если с ними не разобраться.

Болезнь номер один: ЧРЕЗМЕРНАЯ БОЛТЛИВОСТЬ

Это явление настолько распространено, что люди уже не воспринимают болтливость как нечто нездоровое, при том, что это действительно является болезнью. Книга Притч 10:19 говорит:

При многословии не миновать греха, а сдерживающий уста свои — разумен.

Другими словами, если вы говорите слишком много, то вы непременно — и вам этого не избежать — скажете что-то неправильное.

Библия нас предупреждает, чтобы мы не были многословными по отношению к Самому Богу. Большинству из нас действительно необходимо услышать это предостережение, которое находится в книге Екклесиаст 5:1-2:

Не торопись языком твоим, и сердце твое да не спешит произнести слово пред Богом; потому что Бог на небе, а ты на земле; поэтому слова твои да будут немноги.

Однажды кто-то сказал мне: «*Нам надо помнить, что петь ложь — это точно такой же грех, как и говорить ложь*». Я слышу людей, проникновенно поющих гимны о своем полном посвящении и подчинении Богу: «*Иисус, я подчиняюсь во всем и полностью принадлежу Тебе*». Но когда возникает необходимость чем-то пожертвовать для Бога или для других людей, особенно когда об этой жертве никто из людей не узнает, они сразу находят массу оправданий для того, чтобы не делать этого. Это два несовместимых действия. Если вы не стремитесь отдать свою жизнь Богу, то не говорите Ему о своем полном подчинении, потому что Бог приведет вас к ответу за все слова, сказанные (или спетые) в Его присутствии.

Несколькими стихами ниже Писание показывает, что ангел записывает все, что и когда мы говорим, произносим в молитве или в прославлении. Однажды мы предстанем перед этим ангелом, который имеет запись всех наших слов. И тогда, как говорит Библия, будет поздно объяснять: *«я не это имел в виду и сказал это не подумав»*, потому что мы несем ответственность за все, что сказали, о чем пели, и как молились. В один день все это будет предъявлено нам, и мы будем держать ответ за все, в чем были неискренни, и за несоответствие наших слов и реальной жизни.

В следующем стихе мы читаем продолжение, Екклесиаст 5:3:

> *Ибо, как сновидения бывают при множестве забот, так голос глупого познается при множестве слов.*

Многословие — признак глупости. Когда вы слышите человека, непрерывно говорящего, то вам не нужны никакие другие доказательства того, что он глуп. *«Голос глупого познается при множестве слов».* В чем корень этой проблемы? Я убежден, что это — нахождение вне покоя. Сравним с тем, что сказано в Послании Иакова 3:8:

> *А язык укротить никто из людей не может: это — неудержимое зло; он*

исполнен смертоносного яда.

(Другие переводы Библии говорят: *«это — неуемное, неугомонное, беспокойное зло»* — примеч. редактора.) Люди, которые постоянно говорят — это беспокойные и неуемные люди, и наше современное общество наполнено ими. Приходилось ли вам иметь дело с людьми, которые обрушивали на вас поток слов? В чем корень их проблемы? В отсутствии покоя. Чрезмерная разговорчивость — верное свидетельство того, что в сердце у человека нет мира.

Болезнь номер два: ПУСТОСЛОВИЕ И ПРАЗДНЫЕ СЛОВА

В Евангелии от Матфея 12:36 Иисус говорит:

Говорю же вам, что за всякое праздное (небрежное) *слово, какое скажут люди, дадут они ответ в день суда.*

Однажды все мы будем приведены к ответу за каждое произнесенное нами слово. Мы ответим за каждое пустое, неискреннее слово, когда мы говорили одно, а подразумевали другое, за слова, за которые мы не хотели бы отвечать, и за слова, которые мы не сдержали в нашей жизни.

Иисус говорит в Нагорной проповеди в Евангелии от Матфея 5:37:

Но да будет слово ваше: «да, да»; «нет, нет»; а что сверх этого, то от лукавого.

Это удивительное утверждение. Если мы говорим больше того, что имеет значение, то все добавочное в нашей речи (дополнительное давление, всяческое утрирование, преувеличение, излишняя эмоциональность, заходы со стороны и уводы в сторону, и т.д.) — это все приходит от лукавого. (Господь Иисус использовал иносказательные притчи для того, чтобы донести людям простые истины, но не для того, чтобы скрыть истину; и отвечал Он на лукавые вопросы так, чтобы вывести вопрошающего во свет и в открытый диалог, но не для того, чтобы уйти от ответа — Он всегда говорил то, что имел в виду, и Своих слов не менял в зависимости от обстоятельств — примеч. редактора.)

Позвольте суммировать это в одном простом совете: *если вы в действительности не имеете этого в виду, то и не говорите этого*. Если вы будете следовать этому простому правилу, обещаю вам, оно изменит всю вашу жизнь. Вы станете другим человеком. Если вы примете решение придерживаться этого правила хотя бы на протяжении года, то уже через год вы станете другим и намного лучшим человеком.

Болезнь номер три:
СПЛЕТНИ

В книге Левит 19:16 сказано:

Не ходи переносчиком в народе твоем.

Быть переносчиком — это означает ходить и распространять непроверенные, неправдивые, преувеличенные, злонамеренные слухи — это и есть сплетни. В Новом Завете сатане дано имя *«дьявол»*, что по-гречески означает *«клеветник».* Это его сущность. Главное описание сатаны в Библии — клеветник. Если вы сплетничаете или рассказываете свои негативные измышления, то в действительности вы выполняете работу дьявола вместо него. Вы являетесь представителем сатаны. Мы должны быть осторожны, чтобы не только не говорить сплетни, но мы также несем ответственность, если принимаем их.

В Книге Притчей 18:8 сказано:

Слова наушника — как лакомства, и они входят во внутренность чрева.

Это так свойственно человеческой натуре. Когда мы слышим о ком-нибудь что-нибудь плохое или выставляющее его в плохом свете, то что-то в человеческом сердце радуется. Слова клеветы подобны лакомым кушаньям. Будьте осторожны, когда вам предлагаются эти лакомые кусочки клеветы, чтобы не проглотить их. Они ядовиты. Они сладки на вкус, но отравляют нас. И как только они попадут в наше сердце, наша жизнь будет отравлена этими лакомствами.

В Книге Притчей 20:19 говорится:

Кто ходит переносчиком, тот открывает тайну; и кто широко раскрывает рот (т.е. говорит слишком много), *с тем не сообщайся.*

Видите, как тесно связаны между собой эти, казалось бы, различные болезни. Если вы слушаете клевету, то вы становитесь соучастником в этом. Если вы принимаете вора и берете от него краденое, то вы юридически становитесь соучастником. Таким же образом, если вы впускаете клеветника и слушаете его, то вы становитесь его сообщником.

В Псалме 14:1-3 сказано:

Господи! кто может пребывать в жилище Твоем? кто может обитать на святой горе Твоей? Тот, кто ходит непорочно и делает правду, и говорит истину в сердце своем; кто не клевещет языком своим, не делает искреннему своему зла и не принимает поношения на ближнего своего...

Чтобы получить доступ в Божье присутствие и «обитать на святой горе Его», мы должны выполнить некоторые требования: (1) ходить непорочно (в других переводах: «путями честными», «в чистоте и целостности»), (2) творить правду, и (3) говорить истину в сердце своем.

Затем, сказано о том, что мы не должны делать: (1) клеветать своим языком, (2) делать зло окружающим нас людям, и (3) не только сами не поносить, но и не принимать поношение на ближних — окружающих нас людей.

Недостаточно самому не клеветать — мы не должны и принимать клевету. Мы не должны принимать поношения против кого-либо из наших знакомых. Мы не должны есть эти лакомые кусочки клеветы, потому что они ядовиты, и многие взаимоотношения отравляются этой пищей.

Болезнь номер четыре: ЛОЖЬ

Мы должны быть осторожны, чтобы подобрать правильные слова для определения этой болезни. Прежде всего, что такое преувеличение? Кто-то однажды сказал: *«между благовестием и приукрашиванием все-таки есть существенная разница»*. Например, евангелист видел, что во время его служения вышло на покаяние 200 человек, но в интервью для газеты он называет 500 человек. Что это: всего лишь выдаваемое желаемого за действительное или обычная ложь? Это самая настоящая ложь. Говорю это не для того, чтобы критиковать других, но потому, что каждый из нас должен быть осторожным, чтобы не оказаться виновным во лжи.

В Притчах 6:16-19 говорится о семи вещах, которые ненавидит Господь. *Ненавидит*

— это очень сильное слово. Вот что там сказано:

Вот шесть, что ненавидит Господь, даже семь, что мерзость душе Его: глаза гордые, язык лживый и руки, пропивающие кровь невинную, сердце, кующее злые замыслы, ноги, быстро бегущие к злодейству, лжесвидетель, наговаривающий ложь и посевающий раздор между братьями.

Из этих семи качеств, которые ненавидит Господь, три связаны с языком: первое — «лживый язык»; второе — «лживый свидетель» (ясно, что и это касается языка); третье — «сеющий раздор между братьями» (обычно раздор сеется при помощи слов). Итак, из семи вещей, которые ненавидит Господь, три поражают язык, и из этих трех две напрямую связаны с ложью.

Вот еще одно подтверждение из Книги Притчей 12:22:

Мерзость пред Господом — уста лживые, а говорящие истину благоугодны Ему.

В этом стихе мы видим разделение на две противоположные категории — с одной стороны *«мерзкое»*, с другой — *«благоугодно»*. Итак, если мы не говорим истину, значит мы лжем. Говоря что-то мы в любом случае попадаем в одну из этих двух категорий — третьего не дано. Если это не истина, то это ложь. Если это ложь, то это мерзость перед Господом. Если это истина, то это благоугодно Ему.

Наша проблема в том, что в своем мышлении мы оставляем много места для *серого* — мы не можем утверждать, что это истина, но мы полагаем, что и ложью это назвать нельзя — получается, что это и не белое, но и не черное — нечто среднее, *серое*. Я задался целью найти, что Библия говорит о таких «серых зонах». Если исследовать Писания в этом вопросе, то всякая неправда берет свое начало от дьявола. Мы должны обратиться к словам Самого Иисуса, хотя они и пугают. В Евангелии от Иоанна 8:44 Иисус обращается к религиозным лидерам Своего времени (и помните, что это были очень набожные люди):

> *Ваш отец дьявол, и вы хотите исполнять похоти отца вашего; он был человекоубийца от начала и не устоял в истине, ибо нет в нем истины; когда говорит он ложь, говорит свое, ибо он лжец и отец лжи.*

Каждый раз, когда из наших уст выходит неправда, она исходит от дьявола.

Вот еще один важный и отрезвляющий факт о болезни лжи: если эта болезнь не будет остановлена и вылечена, она станет фатальной. Откровение 21:8:

> *Боязливых же и неверных, и скверных и убийц, и любодеев и чародеев, и идолослужителей и всех лжецов — участь*

в озере, горящем огнем и серою; это — смерть вторая.

Обратите внимание на этот список: боязливые, неверные, скверные, убийцы, любодеи, чародеи, идолослужители и *все лжецы*. Результат таких моральных недугов необратим — их место в озере огненном. Там исцеления уже нет и выхода оттуда не существует. Как только человек был приговорен к «смерти второй», пути назад для него уже не будет. Я повторю, что уже сказал: если эта недуг лжи не будет остановлен и вылечен, он неизбежно станет фатальным!

В Откровении 22:15 говорится о тех, кто не войдет в Божий град:

А вне — псы и чародеи, и любодеи и убийцы, и идолослужители и всякий любящий и делающий неправду (т.е. лжец).

Итак, каждый из нас должен решить: пожелаю ли я исцелиться от болезни лжи или потеряю свою душу навеки? Потому что, если болезнь лжи не исцелена, то фатальный конец предопределен.

Болезнь номер пять: ЛЕСТЬ

В Псалме 11:2-4 сказано:

Спаси, Господи; ибо не стало праведного, ибо нет верных между сынами человеческими. Ложь говорит каждый

своему ближнему; уста льстивы, го-
ворят от сердца притворного. Истре-
бит Господь все уста льстивые, язык
велеречивый.

Здесь говорится о состоянии морального упадка человечества. И это похоже на то, что мы сегодня видим вокруг. Трудно найти праведного человека. Нет верных людей. Что в результате? *«Ложь говорит каждый сво-ему ближнему; уста льстивы, говорят от сердца притворного».* В Писании провозгла-шается Божий суд над льстивыми устами: *«Истребит Господь все уста льстивые, язык велеречивый* (хвастливый)*».*

Притчи 26:28 предостерегают нас:

Лживый язык ненавидит уязвляемых им, и льстивые уста готовят паде-ние.

Если мы слушаем и принимаем лесть или сами становимся льстецами, то концом будет крушение. В Книге Притчей 29:5 сказано:

Человек, льстящий другу своему, рас-стилает сеть ногам его.

После многих лет служения, я на прак-тике убедился в верности этих слов. Есть люди, которые говорят льстивые слова, но сами при этом неискренни. За словами скры-вается иной мотив. Много раз, если бы не благодать Божья, мои ноги могли оказаться пойманными сетями лести. Я мог оказаться вовлеченным в обязательства и связи, которые были бы вне Божьей воли. Итак, помните всегда о том, что *«льстивые уста готовят падение»* и *«льстящий другу своему расстилает сеть ногам его».*

Болезнь номер шесть:
ОПРОМЕТЧИВАЯ РЕЧЬ

В Книге Притчей 29:20 говорится:

Видал ли ты человека, опрометчивого в словах своих? на глупого больше надежды, нежели на него.

Здесь сказано, что если мы опрометчивы в своих словах, то наше состояние гораздо хуже, чем у глупцов. Это очень серьезно утверждение, потому что Библия не говорит ничего хорошего о глупых людях.

Вот пример из Писания о человеке, который один раз проявил опрометчивость в своих словах, и это стоило ему очень дорого — это Моисей. Бог повелел ему выйти перед Израилем, и сказать скале, чтобы та дала воду. Но он был так рассержен на сынов Израиля, что сказал им: *«...послушайте, непокорные, разве нам из этой скалы извести для вас воду?»* (Числа 20:10). Затем, вместо того, чтобы сказать скале, он ударил по ней. Этот акт непослушания, выраженный в опрометчивых словах, стоил ему привилегии ввести сынов Израиля в Обетованную Землю.

Это описано в Псалме 105:32-33:

И прогневали (сыны Израиля) *Бога у вод Меривы, и Моисей потерпел за них, ибо они огорчили дух его, и он погрешил устами своими* (в английском переводе: «сказал необдуманно» — примеч. переводчика).

Поставим диагноз: огорченный дух побуждает нас говорить необдуманно своими устами, а опрометчивые слова стоят нам многих привилегий и благословений. Если Моисею пришлось уплатить такую цену за одно опрометчивое высказывание, то и мы должны остерегаться говорить опрометчивые вещи, которые могут стоить нам очень дорого в духовной сфере.

Глава 6

КОРЕНЬ ПРОБЛЕМЫ

Бог обеспечил нас через Писание всем необходимым для исцеления наших языков. Чтобы получить исцеление, сначала необходимо определить корень проблемы. Все свидетельства Писания ясны и единогласны: корень всякой проблемы, поражающей наш язык, находится в нашем сердце. Обратимся снова к словам Иисуса, записанным в Евангелии от Матфея 12:33-35:

Или признайте дерево хорошим и плод его хорошим; или признайте дерево худым и плод его худым; ибо дерево познается по плоду. Порождения ехиднины! как вы можете говорить доброе, будучи злы? Ибо от избытка сердца говорят уста. Добрый человек из доброго сокровища выносит доброе; а злой человек из злого сокровища выносит злое.

Сердце — это дерево, а слова — плоды. Слова, выходящие из наших уст, свидетельствуют о состоянии сердца. Если сердце доброе, то и слова будут добрыми. Если сердце злое, то и слова будут злыми. Наше сердце попадает только в одну из двух категорий: оно или доброе, а если не доброе — значит оно злое. Все, что изливается из наших уст, говорит о содержимом нашего сердца.

Если вы случайно разольете воду из ведра на пол в кухне и увидите, что вода, которую вы пролили, грязная и жирная, то вам нет необходимости проверять, какая вода в ведре. Вы будете знать, что и там она грязная и жирная. Тоже самое относится и к нашему сердцу. Если из наших уст выходят злые, нечистые, неверные, грубые слова, то это говорит о том, что все это преобладает в нашем сердце.

Обратимся к Посланию Иакова 3:9-12, где апостол говорит о противоречивости религиозных людей:

Им (т.е. языком) благословляем Бога и Отца, и им проклинаем людей, сотворенных по подобию Божьему: из тех же уст исходит благословение и проклятие. Не должно, братья мои, сему так быть...

Это несовместимо. Затем Иаков спрашивает:

Течет ли из одного отверстия источника сладкая и горькая вода. Не может, братья мои, смоковница приносить маслины, или виноградная лоза смоквы: также и один источник не мо-

жет изливать соленую и сладкую воду.

Иаков приводит здесь два примера. Один — источник воды, другой — дерево. Он говорит, что смоковница никогда не принесет маслины. Род дерева определяются по его плоду. Иаков использует тот же пример, что и Иисус. Дерево — это сердце, и плоды — это слова, выходящие из уст. Он также использует другой пример — источник воды. Он говорит, что если из источника идет протухшая, горькая вода, то мы знаем, что это источник тухлый и горький.

Эти два примера схожи, но не идентичны. Два дерева представляют две природы. Испорченное дерево — это ветхий человек, ветхая природа. Хорошее дерево — это новый человек в Иисусе Христе. Ветхий человек не может принести хороших плодов. Иисус ясно говорил об этом много раз. Ветхая, плотская природа всегда принесет плоды, соответствующие ей. Источник воды представляет нечто духовное. Чистый источник — это Святой Дух. Испорченный, соленый, нечистый источник — это иной дух.

Итак, мы имеем две проблемы, которые проявляются благодаря нашим устам. Первая — старая, испорченная природа, которая не была изменена и продолжает производить испорченный плод. Вторая — некая разновидность духа (который не является Святым Духом) изливает нечистую, мутную воду. Суть обоих учений следующая: находящееся внутри нас — состояние нашего сердца —

оно определяет, что будет выходить их наших уст. Таким образом, проблема нашего языка неизбежно возвращает нас к проблеме нашего сердца.

Давайте вспомним в этой связи слова Соломона, записанные в Книге Притчей 4:23:

Больше всего хранимого храни сердце твое; потому что из него источники жизни.

Здесь также встречается слово *«источники»*, как и в примере Иакова об источнике, который дает воду, качество которой характеризует сам источник.

Другой перевод этого места Писания гласит: *«Со всей тщательностью следи за своим сердцем, потому что оно изливает поток жизни».* Все, что изливается в твою жизнь и через твои уста, берет начало в твоем сердце. Если источник чистый, то истекающее из него будет чистым. Если источник загрязненный, то исходящее из него будет грязным.

Мы можем сравнить это с тем, что сказано в Послании Евреям 12:15-16:

Наблюдайте, чтобы кто не лишился благодати Божьей; чтобы какой горький корень, возникнув, не причинил вреда, и чтобы им не осквернились многие; чтобы не было между вами какого блудника, или нечестивца, который бы, как Исав, за одну снедь отказался от своего первородства.

Исав имел право первородства, но он продал его и потерял свое право. Мы можем получить право первородства или обетование от Бога, но если мы не ведем себя правильно, то потеряем наше первородство, и наша участь будет подобна участи десяти разведчиков, вернувшихся с негативным отчетом.

Библия указывает, что причиной такого поступка Исава был корень горечи в его сердце. Он имел горечь по отношению к своему брату Иакову, и этот горький корень в его сердце принес горькие плоды в его жизни, отравил его жизнь и стал причиной потери своего первородства. Итак, корень проблемы — в сердце.

Писание предупреждает нас, что если горький корень появился в сердце хотя бы одного из нас, то и другие могут быть осквернены им. Неправильное, негативное использование языка заразительно. Десять разведчиков вернулись с негативным отчетом и их негативное отношение передалось всему народу. Эта инфекция поразила целый народ. Это причина, почему Бог уделяет такое серьезное внимание этому — такое заболевание является заразным.

Есть и другие примеры злых корней в нашем сердце, которые проявляют себя через наши уста и создают проблемы, воруют благословения, которые приготовил Бог для нас. В нашем сердце могут быть корни обиды, неверия, нечистоты, гордости, и все они проявляются в нашей речи. Мы можем стараться говорить слова благодати и любви, но корень обиды отравит наши слова духом раздражения. Мы можем пытаться говорить добрые слова, но у нас не будет получаться. Мы можем называть себя верующими, но корень неверия будет побуждать нас поступать так же, как и десять разведчиков, и всегда добавлять к обетование Божьему свое *«но»*. Тоже самое относится к корню нечистоте и гордости, которые будут отравлять нашу речь.

Позвольте мне напомнить вам о враче в пустыне, делающем обход больных дизентерией. Ответу на свой вопрос: *«Доброе утро, как твое самочувствие?»* — он не придавал серьезного значения. *«Покажи свой язык»* — вот, что действительно интересовало его. Что будет, если Бог скажет тебе: *«Покажи свой язык»*?

Глава 7

ПЕРВЫЕ ШАГИ К ИСЦЕЛЕНИЮ

Давайте рассмотрим три простых практических Библейских шага, которые могут решить проблемы вашего языка. Сделав эти три последовательных шага вы сможете получить освобождение от любой болезни своего языка.

Шаг номер один:
НАЗОВИТЕ СВОЮ ПРОБЛЕМУ ЕЕ НАСТОЯЩИМ ИМЕНЕМ — ГРЕХ

Очень важно, чтобы мы были честными. Пока мы будем прикрыться замысловатыми психологическими терминами, оправдываться, пожимать плечами или притворятся, что нашей проблемы не существует, до тех пор ничего не произойдет. Мы должны придти к моменту истины. Мне довелось видеть много раз, как Бог разбирался с этим — во мне самом и во многих других людях. Когда мы приходим к моменту истины, Господь вступает в дело и помогает нам. Пока мы пытаемся оправдаться, прикрыть проблему, умалить ее, Бог не делает ничего. Иногда мы говорим: *«Господь, почему Ты не помогаешь мне?»* Бог отвечает (мы можем не слышать Его, но Бог отвечает): *«Я жду, когда ты станешь честным: честным сам с собой и честным со Мной».*

Этот первый и самый важный шаг. Как только вы сделаете его, вы сможете сделать следующие шаги. Итак, назовите свою проблему настоящим именем — грех.

Религиозные люди используют много различных способов оправдания или прикрытия неправильного использования своего языка. Они думают, что нет ничего особенного в том, что они говорят. Бог придает этому совершенно другое значение. На самом деле, своими словами мы определяем свою судьбу. Иисус сказал: *«Ибо от слов своих оправдаешься и от слов своих осудишься»* (Матф. 12:37). Это очень серьезно. Не шутите с этим. Развернитесь лицом к истине и скажите: *«У меня есть проблема — это грех».* Когда вы сделаете это, то будете готовы ко второму шагу.

Шаг номер два:
ИСПОВЕДУЙТЕ ВАШ ГРЕХ И ПОЛУЧИТЕ ПРОЩЕНИЕ И ОЧИЩЕНИЕ

Первое послание Иоанна 1:7-9 ясно показывает это:

...Если же ходим во свете, подобно как Он во свете, то имеем общение друг с другом, и Кровь Иисуса Христа, Сына Его, очищает нас от всякого греха. Если говорим, что не имеем греха, — обманываем самих себя, и истины нет в нас. Если исповедуем грехи наши, то Он, будучи верен и праведен, простит нам грехи наши и очистит нас от всякой неправды.

Опять мы видим то, насколько важно быть честными. Кровь Иисуса не омывает во тьме. Только выходя во свет мы сможем получить очищение Кровью Иисуса. Если мы ходим в свете, то Кровь Иисуса постоянно омывает нас от всякого греха. Если мы говорим, что не имеем греха, который, как уже было сказано, является нашей истинной проблемой, то мы обманываем себя. В таком случае истины нет в нас, и мы не во свете. Мы остаемся во тьме, в которой Божье средство очищения не действует.

Однако, у нас есть возможность исповедовать наш грех и выйти во свет. Когда мы осознаем сущность и серьезность нашей проблемы, тогда Бог — Он «*верен и праведен, простит нам грехи наши и очистит нас от всякой неправды*». Здесь использованы два слова: «*верен*» и «*праведен*». Бог «*верен*», потому что Он обещал, и Он выполнит Свое обещание. Бог «*праведен*», потому что Иисус уже заплатил за наши грехи, и поэтому Он может прощать без какого-либо компромисса со Своим правосудием (в данном случае слово «*праведен*» имеет значение «*справедлив*»; слова «*правда*», «*правота*», «*праведность*», «*справедливость*», «*правосудие*» в Библии имеют одно значение — примеч. редактора).

Если мы исповедуем наш грех, то Писание гарантирует нам, что Бог в Своей верности и справедливости простит нас и очистит от всякой неправды. Бог не просто прощает, но, что еще более важно — очищает. Когда наше сердце, которое является источником жизни, было очищено, мы не пойдем совершать те же самые грехи.

Если вы верите, что ваши грехи прощены, но в своей жизни не находите свидетельства очищения, то задайтесь вопросом, а действительно ли вы получили прощение? Когда Бог прощает, то Он и очищает. Та самая Библия, которая обещает прощение, при этом же говорит об очищении. Если мы исполняем условия — действительно каемся и исповедуем наш грех — то получаем все, что Бог обещал нам в таком случае. Бог никогда не останавливается на полпути. Если мы исповедуем свой грех, то Бог, «*будучи верен и праведен*», простит нам его и очистит от всякой неправды. Когда сердце очищено, проблема удалена оттуда. Помните, что состояние сердца определяет то, что выходит из ваших уст. Чистое сердце не может производить нечистоту уст. Нечистота языка свидетельствует о нечистоте сердца.

Итак, когда мы выходим во свет, обращаемся к Богу и исповедуем свой грех, то Бог, будучи верен и праведен, прощает нас. Запись прошлого стирается, и эффект произнесенных нами слов, в которых мы раскаиваемся, уничтожается. Затем, Бог очищает наше сердце. И тогда из чистого сердца через уста будет выходить тоже только чистое. Если ваше сердце славит Господа, то и ваши уста будут славить Господа. Бог решает проблему языка и уст, разбираясь с состояниям сердца.

Шаг номер три:
ОТКАЖИТЕСЬ ОТ ГРЕХА, ПОКОРИТЕСЬ БОГУ

Здесь есть две стороны — негативная и позитивная — которые всегда вместе, как две стороны одной монеты. И в том и другом случае вы должны использовать свою волю — чтобы сказать греху: *«нет»*, а Богу сказать: *«да»*. Вы должны сделать и то, и другое. Вы не можете сказать греху *«нет»*, не говоря Богу *«да»*, потому что в таком случае вы окажетесь в вакууме, который опять заполнит та же проблема. Вы не сможете удалиться от греха, не покорившись Богу.

Вот что говорит Павел в Послании Римлянам 6:12-14:

Итак, да не царствует грех в смертном вашем теле, чтобы вам повиноваться ему в похотях его; и не преда-

вайте членов ваших греху в орудие не-
правды, но представьте себя Богу, как
оживших из мертвых, и члены ваши
(т.е. все части вашего тела) *Богу в ору-*
дия праведности. Грех не должен над
вами господствовать, ибо вы не под
законом, но под благодатию.

Когда грех будет звать вас, скажите ему: «*Нет, я не буду покоряться тебе; я не дам ни одной части моего тела. Более того, я не дам тебе ту часть, которая может принес-ти больше всего неприятностей — мой язык. Грех, ты не сможешь больше контролиро-вать мой язык».*

Затем обратитесь к Богу и скажите: «*Боже, я подчиняю свой язык Тебе и прошу управлять этим членом, который я сам не могу контролировать».*

Давайте посмотрим, что написано в По-слании Иакова 3:7-8:

Ибо всякое естество зверей и птиц, пресмыкающихся и морских животных укрощается и укрощено естеством че-ловеческим, а язык укротить никто из людей не может: это — неудержи-мое зло; он исполнен смертоносного яда.

Вы должны принять тот факт, что не мо-жете сдерживать или контролировать свой собственный язык. Есть только одна сила, способная контролировать ваш язык — это сила Божья в Святом Духе. Когда вы были прощены и очищены, но вас снова позвал грех, чтобы использовать ваш язык, скажите: *«Ты не сможешь использовать мой язык: я отказываю тебе в этом»*. Затем вы должны сказать Господу: *«Боже, я покоряю свой язык Твоему Святому Духу. Я не могу контролировать его. Я прошу Тебя сделать это за меня»*.

Давайте вкратце повторим все три шага. Во-первых, назовите проблему своим именем — грехом. Во-вторых, исповедуйте ваш грех и примите прощение и очищение. В-третьих, примите решение не покоряться греху, но покориться Богу. Вот высшая точка процесса освобождения и исцеления — покорение Святому Духу того члена тела, который вы никогда не сможете контролировать сами.

Глава 8

С КАКОЙ ЦЕЛЬЮ ВАМ ДАН ЯЗЫК

Как мы уже видели, корень всех проблем, поражающих наш язык, находится в нашем сердце. Это значит, что для решения проблем языка сначала мы должны разобраться с корнем — проблемами сердца.

Мы определили три шага, которые необходимо сделать, чтобы разобраться с коренными проблемами в нашем сердце, которые проявляются через наш язык.

Во-первых, назовите проблему ее именем, то есть грехом. Придите к моменту истины. Бог поможет вам только на основании истины. Бог — есть Бог истины. Святой Дух — это Дух истины.

Во-вторых, исповедуйте свой грех, и примите прощение и очищение на основании обетования, изложенного в Первом послании Иоанна 1:9:

Если исповедуем грехи наши, то Он, будучи верен и праведен, простит нам грехи наши и очистит нас от всякой неправды.

Бог не только прощает прошлое, но очищает сердце — таким образом Он разбирается с проблемой до самого корня. В результате происходит изменение плода, исходящего из нашего сердца.

В-третьих, отрекитесь от греха и покоритесь Богу. Скажите *«нет»* греху и *«да»* Богу. Отрекитесь от греха и подчинитесь Святому Духу. Есть только одна сила во всей Вселенной, которая может эффективно управлять вашим языком во благо — это Святой Дух.

Давайте более подробно разберемся с положительным аспектом третьего шага: подчинение нашего языка Богу.

Во-первых, мы нуждаемся в понимании истинной причины, по которой Создатель дал каждому из нас уста и язык. В Писании мы находим ответ, и это один из тех интересных примеров истины в Библии, которую можно обнаружить только путем сопоставления двух мест Писания. Когда мы делаем это, к нам приходит откровение, которое мы не смогли бы увидеть, размышляя только над каким-то одним из этих отрывков.

В данном случае мы возьмем один отрывок из Ветхого Завета, а второй отрывок из Нового Завета. В Новом Завете приведена цитата из Ветхого Завета, но сделано это таким образом, что дает нам новое понимание, которое не раскрыто в первоначальном отрывке.

В день Пятидесятницы, когда сошел Дух Божий и сделался большой шум, собралась большая толпа людей узнать, что произошло. Тогда Петр под вдохновением от Духа Святого произнес свою знаменитую проповедь о жизни, смерти и воскресении Иисуса Христа. Он процитировал некоторые отрывки Ветхого Завета, подтверждающие, что Иисус действительность является Мессией (Христом) и Сыном Божьим. Одним из этих отрывков был Псалом 15:8-9. То, как Петр процитировал его, мы читаем в книге Деяния 2:25-26:

Ибо Давид говорит о Нем: «...Видел я пред собою Господа всегда, ибо Он одесную меня, дабы я не поколебался; от того возрадовалось сердце мое, и возвеселился язык мой; даже и плоть моя упокоится в уповании».

Сам же Псалом 15:8-9 звучит так:

Всегда видел я пред собою Господа, ибо Он одесную меня; не поколеблюсь. От того возрадовалось сердце мое, и возвеселился язык (дословно: «возвеселилась слава моя») *мой; даже и плоть моя успокоится в уповании.*

(В Синодальном переводе Библии и в Псалмах, и в Деяниях использованы одинаковые слова: *«возвеселился язык мой»*, однако в оригинальном еврейском тексте — как и в большинстве переводов — в Псалме 15:9 написано: *«возвеселилась слава моя»*, — примеч. переводчика) Там, где Давид говорит: *«возвеселилась слава моя»*, Петр под помазанием Святого Духа говорит: *«возвеселился язык мой»*. Это говорит о чем-то значительном и очень важном: *наш язык — это наша слава*. Вы можете спросить: *«почему?»* Ответ такой: потому что Создатель дал вам и мне язык для одного главного предназначение — прославлять Его. Конечное предназначение языка — прославить Бога. Вот почему наш язык становится нашей славой. Это тот член тела, который — в отличие от других членов — может прославлять Создателя. Это ведет к последствиям великой важности: любое употребление нашего языка, не прославляющее Бога, является злоупотреблением, потому что язык нам был дан для славы Божьей.

Мы можем вспомнить хорошо известное утверждение Павла в Послании Римлянам 3:23: *«Потому что все согрешили и лишены* (дословно: *«выпали из...»*, *«не смогли удержаться, пребывать в ...»*, *«не смогли совершить...»* — примеч. переводчика) *славы Божьей»*. Сущность греха не обязательно состоит в совершении ужасного преступления. Сутью греха является лишение славы Божьей — жить не во славу Божью.

Люди могут не соглашаться и говорить: *«Это не относится ко мне — в чем я лишил Бога славы?»* Но проверьте то, как вы используете свой язык. Запомните, что единственная цель, для которой вам дан язык — для славы Божьей. Любое использование языка, которое не прославляет Бога, является злоупотреблением. Не верю, что хотя бы один из нас может положа руку на сердце сказать, что всегда использовал язык во славу Божью. Поэтому мы должны признать справедливость утверждения Павла о том, что все мы согрешили и лишены славы Божьей. Если оно и не относится к какой-нибудь другой сфере нашей жизни, то для сферы употребления языка оно справедливо.

Два различных вида огня встречаются в человеческом языке. Первый — это огонь из преисподней. Этот вид огня воспламеняет язык плотского невозрожденного человека. В Послании Иакова 3:6 говорится:

И язык — огонь, прикраса неправды. Язык в таком положении находится между членами нашими, что осквернят все тело и воспаляет круг жизни, будучи сам воспаляем от геенны.

Этот огонь в человеческом языке происходит из самого ада, и плоды его — результаты и последствия его использования — принадлежат аду. Но в день Пятидесятницы, когда Бог произвел на свет первую общину искупленных людей, которая должна была прославить Его на земле, пришел другой огонь — из другого источника. Это был огонь Духа Святого, идущий с Небес, а не из геенны. И впервые этот огонь явился в языках собравшихся в горнице. Другими словами, Божий огонь с Небес замещает плотской адский огонь грешного языка. Адский огонь заменен огнем чистоты, святости и славы Божьей.

Давайте поразмышляем над отрывком из Деяний 2:1-4:

При наступлении дня Пятидесятницы все они были единодушно вместе. И внезапно сделался шум с неба, как бы от несущегося сильного ветра, и наполнил весь дом, где они находились; и явились им разделяющиеся языки, как бы огненные, и почили по одному на каждом из них...

Заметьте, что были огненные языки для каждого в отдельности. А что случилось затем?

И исполнились все Духа Святого и начали говорить на иных языках, как Дух давал им провещавать.

Обратите внимание, что Дух в первую очередь начал действовать в их языках. Божий огонь с небес дал им новый способ использования своего языка. Писание ясно говорит, что все произносимое ими после этого (исполнения Духом) прославляло Бога. Они использовали свои языки в соответствии с той целью, для которой Бог дал им языки.

Ключом решения проблемы языка является полное посвящение его Святому Духу. Это очевидно из утверждения Павла в Послании Ефесянам 5:17-18:

Итак, не будьте нерассудительны, но познавайте, что есть воля Божья.

Следующий стих говорит нам о воле Божьей.

И не упивайтесь вином, от которого бывает распутство; но исполняйтесь Духом...

Следует обратить внимание на то, что напиваться вином — грех, но и не исполняться Духом Святым — такой же грех. Заповедь *«так не делай* «имеет такую же силу, как и заповедь *«так делай»*. Не упивайтесь вином, но исполняйтесь Духом Святым. В известном смысле речь идет о двух различных видах *«упивания»*, потому что в день Пятидесятницы про мужчин и женщин, исполнившихся Духом Святым, насмешники говорили: *«да они просто напились».* В определенном смысле они действительно были пьяны, но это было совсем иного рода опьянение. Они не были пьяны от вина, но они были исполнены Святым Духом. Далее Павел говорит, Послание Ефесянам 5:19-20:

...назидая самих себя псалмами и славословиями и песнопениями духовными, поя и воспевая в сердцах ваших Господу, благодаря всегда за все Бога и Отца, во имя Господа нашего Иисуса Христа...

Обратите внимание, что после повеления исполняться Духом, речь начинает идти о назидании (в англ. переводе *«говорении»* — примеч. переводчика) псалмах, славослови-ях, песнях прославления и благодарения. В Новом Завете насчитывается пятнадцать мест, где говорится о людях, исполненных или наполненных Святым Духом. И в каж-дом случае в первую очередь это начинает проявляться через уста. *«От избытка* (ис-полнения, переполнения) *сердца говорят уста»* (Матф. 12:34).

Когда вы исполняетесь Святым Духом, то в первую очередь это выражается через ваши уста, ваш язык. Вместо выражения ро-пота, недовольства, критиканства и испове-дания неверия, по словам Павла, мы долж-ны назидаться, петь, воспевать и благодарить. Мы должны использовать язык во благо, а не просто не использовать его во зло.

Решение каждой проблемы с нашим гре-хом в нашей жизни должно быть позитив-ным. Недостаточно прекратить грешить. Мы должны иметь праведность. Недостаточно только не предоставлять свой язык дьяволу, — мы должны подчинить свой язык Свято-му Духу. Быть исполненными Святым Ду-хом и говорить — вот лекарство, которое поможет.

Глава 9

ВАЖНОСТЬ ВАШЕГО ИСПОВЕДАНИЯ

Итак, мы определили, что высшей целью, для которой Бог дал нам язык, является прославление Бога. Наш язык — наша слава. Мы уже говорили о том, что использование языка, не прославляющее Бога, является использованием его не по назначению. В свете этого, чтобы использовать наш язык для Его славы, мы должны научиться получать Божью сверхъестественную помощь, которую Он предусмотрел для этого. Ото приходит только через Дух Святой. Только Святой Дух может дать нам способность использовать наш язык в соответствии с Божьим предназначением. Недостаточно просто избегать отрицательного, но мы должны посвятить себя положительному.

В заключение нам необходимо увидеть, что правильное использование нашего языка особенным образом соединяет нас с Иисусом Христом, как с нашим Первосвященником. Первосвященство Иисуса — это вечное

Его служение, которое постоянно продолжается на Небесах. После смерти за наши грехи, погребения, воскресения и вознесения на Небеса, Он вошел в служение Первосвященника, являясь нашим постоянным Представителем перед Богом. Он наш Первосвященник при условии, что исповедание наших уст правильное.

Вот что об этом написано апостолом Павлом в Послании Евреям 3:1:

Итак, братия святые, участники в небесном звании, уразумейте Посланника и Первосвященника исповедания нашего, Иисуса Христа.

Обратите внимание на последнюю фразу: «*...Первосвященника исповедания нашего, Иисуса Христа*». Наше исповедание связывает нас с Иисусом, как с Первосвященником. Если мы только верим, но не исповедуем, то Его служение Первосвященника не может действовать в нашу пользу. Первосвященство Иисуса на Небесах основывается на нашем высказанном вслух исповедании, а не на нашей безмолвной вере.

Чрезвычайно важно, чтобы мы совершали правильное исповедание и держались его. Слово *«исповедание»* в буквальном смысле означает *«говорить то же самое, что и...»*. Для нас это означает говорить своим языком то же самое, что говорит Бог в Писании. Слова наших уст должны соответствовать Слову Божьему в Писании.

Когда мы верим Слову Божьему и приводим слова наших уст в согласие с тем, что Бог сказал в Библии, то тем самым даем возможность Иисусу осуществлять Свое служение Первосвященника, как нашего Представителя в присутствии Божьем. Если делаем неправильное исповедание, то препятствуем Его служению. Оно зависит от правильности нашего исповедания. Наше исповедание — это то, что связывает нас с Иисусом как с нашим Первосвященником. Это дважды подчеркивается в Послании Евреям. Первый раз Павел говорит об этом в Послании Евреям 4:14:

Итак, имея Первосвященника великого, прошедшего небеса, Иисуса Сына Божьего, будем твердо держаться исповедания нашего.

Наше исповедание — вот что продолжает связывать нас с Иисусом, как нашим Первосвященником. Затем мы читаем в Послании к Евреям 10:21 и 23:

...И имея великого Священника над домом Божьим... будем держаться исповедания упования неуклонно, ибо верен Обещавший.

Каждый раз, когда Павел упоминает об Иисусе, как нашем Первосвященнике, он говорит о том, что мы должны совершать, поддерживать правильное исповедание — твердо держаться исповедания нашей веры и нашего упования. Наше исповедание — вот что соединяет нас с Иисусом, как нашим Первосвященником. Если мы не придерживаемся исповедания, то мы препятствуем Его служению в нашу пользу. На самом деле, правильное исповедание является неотъемлемой частью нашего спасения. В Послании Римлянам 10:8-10 сказано:

Но что говорит Писание? «Близко к тебе слово, в устах твоих и в сердце твоем», то есть слово веры, которое проповедуем. Ибо, если устами твоими будешь исповедовать Иисуса Господом и сердцем твоим веровать, что Бог воскресил Его из мертвых, то спасешься; потому что сердцем веруют к праведности, а устами исповедуют ко спасению.

Все время мы видим, что существует прямая связь между устами и сердцем. Иисус сказал: *«от избытка сердца говорят уста»* (Матф. 12:34). Спасение зависит от двух вещей: действенной веры в нашем сердце и от правильного исповедания наших уст.

В Библии *«спасение»* — это великое всеобъемлющее слово, включающее в себя все благословения, обеспечения Божьи, которые приобретены для нас через смерть Иисуса Христа. Оно включает в себя духовные, физические, финансовые, временные и вечные благословения. Все эти благословения, приобретенные ценой смерти Иисуса Христа, можно суммировать одним словом *спасение*.

Чтобы войти в полноту Божьего спасения в каждой сфере нашей жизни, мы должны совершать правильное соответствующее исповедание. В каждой сфере, что бы это ни было, мы должны говорить своими устами то же, что Бог говорит в Своем Слове. Когда наше исповедание соответствует Слову Бога, мы продвигаемся в полноту Божьего провидения для нашего спасения и получаем благословение от служения Иисуса, как нашего Первосвященника на Небесах. С Ним, стоящим над нами на основании нашего исповедания, ничто не может помешать нам или остановить нас на пути в полноту нашего спасения. Наше исповедание связывает нас с Иисусом, как нашим Первосвященником. Вот почему то, что мы говорим своими устами, определяет наше состояние.

Давайте еще раз вернемся к примеру, иллюстрирующему мысль, что наш язык подобен рулю, управляющему жизнью. В Послании Иакова 3:4-5 сказано:

Вот, и корабли, как ни велики они и как ни сильными ветрами носятся, небольшим рулем направляются, куда хочет кормчий; так и язык — небольшой член, но много делает. Посмотри, небольшой огонь как много вещества зажигает...

Что руль для корабля, то язык для нашего тела и нашей жизни. Правильное использование руля направляет корабль на правильный курс. Неправильное управление, рано или поздно, приведет к кораблекрушению. Так и правильное использование языка принесет успех и спасение во всей полноте, а неправильное использование приведет к кораблекрушению в вере и неудаче.

Большой океанский лайнер управляется небольшим рулем. Управлять им может капитан с многолетним опытом, но когда лайнер входит в порт, капитану не разрешается самому швартовать судно. Как правило в каждом порту есть лоцман. Его необходимо принять на борт и ему передать штурвал судна. Он принимает ответственность и далее уже он отвечает за безопасное управление и благополучную швартовку судна.

Мы можем чувствовать себя способными управлять своей жизнью, но есть ситуации, с которыми мы не справляемся. Мы должны принять на борт лоцмана и позволить ему принять ответственность. Вы наверное догадались, кто этот лоцман? Ну, конечно же, этот лоцман — Дух Святой. Только Дух Святой может сделать нас способными всегда правильно использовать наш язык и всегда совершать правильное исповедание.

Святой Дух — это Дух Истины и Дух Веры. Когда Он мотивирует и контролирует наши слова и нашу речь, то они становятся позитивными. Тогда наша речь прославляет Бога и приносит Божьи благословения в нашу жизнь. Каждый из нас нуждается в том, чтобы Дух Святой направлял нашу жизнь, используя наши уста. Только в Нем есть окончательное решение проблемы человеческого язык.

Бог позволяет нам оказаться в том месте, где мы совершаем ошибки. Он говорит: *«Никто из вас не может обуздать своего языка»*, а после этого добавляет: *«Но у Меня есть Лоцман. Примете ли вы Его на борт?»* Все, что вам необходимо сделать в ответ, это всего лишь помолится простой молитвой, подобно этой:

Господь мой и Бог мой! Я действительно не могу контролировать свой язык.
Приди Духом Святым и возьми под Свой контроль мои уста.
Боже, я подчиняюсь Тебе. Дай мне язык, который прославляет Тебя.
Аминь.

ДЛЯ ЗАМЕТОК

ДЛЯ ЗАМЕТОК

ДЛЯ ЗАМЕТОК

ДЛЯ ЗАМЕТОК

Дерек Принс
НУЖДАЕТСЯ ЛИ ВАШ ЯЗЫК
В ИСЦЕЛЕНИИ?

Подписано в печать 03.12.2010г. Формат 84х108$^1/_{32}$
Печать офсетная. Тираж 10 000 экз.
Заказ № 2888 (10173А)

Отпечатано в типографии "Принткорп",
ЛП № 02330/04941420от 03.04.02009.
Ул. Ф.Скорины 40, Минск, 220141. Беларусь.

www.ingramcontent.com/pod-product-compliance
Lightning Source LLC
Chambersburg PA
CBHW071836020426
42331CB00007B/1746